拜托了，国宝守护人

最早的中国在哪里

薛　舟／著
王会慧／绘

天津出版传媒集团
新蕾出版社

图书在版编目 (CIP) 数据

最早的中国在哪里 / 薛舟著；王会慧绘．-- 天津：新蕾出版社，2024.1（2024.2 重印）
（拜托了，国宝守护人）
ISBN 978-7-5307-7525-7

Ⅰ．①最… Ⅱ．①薛… ②王… Ⅲ．①青铜器（考古）-文物保护-中国-少儿读物 Ⅳ．①K876.41-49

中国国家版本馆 CIP 数据核字 (2023) 第 076534 号

书　　名： 最早的中国在哪里　ZUI ZAO DE ZHONGGUO ZAI NALI
出版发行： 天津出版传媒集团
新蕾出版社
http://www.newbuds.com.cn
地　　址： 天津市和平区西康路 35 号（300051）
出 版 人： 马玉秀
电　　话： 总编办（022）23332422
发行部（022）23332351　23332679
传　　真：（022）23332422
经　　销： 全国新华书店
印　　刷： 天津新华印务有限公司
开　　本： 880mm×1230mm　1/32
字　　数： 38 千字
印　　张： 4
版　　次： 2024 年 1 月第 1 版　2024 年 2 月第 2 次印刷
定　　价： 30.00 元

如发现印、装质量问题，影响阅读，请与本社发行部联系调换。
地址：天津市和平区西康路 35 号
电话：（022）23332677　邮编：300051

目录

最早的中国在哪里

——何尊的故事

微信扫码
有声书随身听
趣味文物看板
博物馆云展厅

最早的中国在哪里

国宝身份证

何尊

姓名：何尊

身高：39 厘米

口径：28.6 厘米

体重：14.6 千克

籍贯：陕西省宝鸡市

现居地：宝鸡青铜器博物院

年龄：3000 多岁

提问时间到：博物馆里有那么多青铜器，大家认得过来吗？

嘘，小声点儿，我来告诉大家，其实呀，别的青铜器你可以暂时不知道，但一定要认识我！为什么呢？因为我们都是中国人哪！我这件青铜器和中国人可是大有关系呢！

我们每个人小时候都会问爸爸妈妈：“我从哪里来？”等到长大了，还会问：“中国从哪里来？”

第一个问题比较好回答，但第二个问题有些爸爸妈妈或许也说不清楚，或许他们还不一定知道标准答案呢！而这个问题的标准答案就藏在我的肚子里。

那是1963年8月的一个早晨，陕西省宝鸡市贾村镇西街，有一个名叫陈堆的人在后院上厕所，他忽然发现紧挨自家后院的山坡上有“鬼”。那个“鬼”不停地朝他眨眼睛，忽闪忽闪的，太吓人了！

“有鬼呀！”

陈堆可从来没见过这么奇怪的东西，他也不敢上厕所了，赶忙跑回了屋里。

“天哪！有鬼！刚才我看见鬼了！”回到屋里，陈堆气喘吁吁地叫道。

他的妻子张桂芳不相信，世界上哪儿有什么鬼？她让丈夫拿上一根棍子走在前面带路，自己跟在后面去了后院。

“鬼在哪儿？”

“那儿！”

陈堆指着“鬼”眨眼的地方，用木棍使劲戳了过去。

哗啦！咣当！

因为连续下了好几天的大雨，泥土变得松松软软的，陈堆戳来戳去，山坡上突然滚下个大家伙，是那个“鬼”！

“鬼”圆滚滚的，在地上“抖”了几下不动了。陈堆远远地看了看。

“鬼”没有手，也没有脚，好像不太可怕，于是他壮着胆子走上前，不停地用木棍拨弄。

“鬼”身上的泥土层层剥落，逐渐露出了真面貌。

“这么大，是个宝呀！”

陈堆试着拎起这个家伙，发现它非常重，像大石头那么重。

原来，连日的雨水冲出了被埋在泥土里的宝贝——一件青铜器。雨过天晴，在阳光的照射下，青铜器偶尔会反射出光芒，这光芒被陈堆看到，胆小的他就误以为遇到“鬼”了。

大家肯定猜到了，这个大家伙就是我！当然啦，我被发现的过程其实并没有这么恐怖，我怎么可能装鬼吓唬人呢？

后来，因为生活困难，陈堆打算把家搬到宁夏。临走时，他把我抱到哥哥陈湖家，请哥哥代为保管。

可惜，陈湖家也不富裕，他经常对着我念叨：“要是这里面忽然冒出个馒头来，那该多好哇！”

再后来，陈湖的妻子生病了，一家人连盐巴都买不起了。不得已，陈湖想到一个“好主意”。他把我背到废品收购站，卖了 30 元钱，这才解了家里的燃眉之急。

废品收购站的人收了我，也想到一个“好主

意”，准备把我这个锈迹斑斑的“铜疙瘩”送去炼化。

“这家伙这么重，估计能炼出不少铜！”

“别管能炼出多少铜，都比放在这里强！”

听了他们的话，我可被吓坏了。我在地下待了约 3000 年，好不容易熬出了头，现在要我“回炉”？！麻烦你们再好好看看我好不好！

危急关头，一个人救了我的“命”！

这个人名叫佟太放，当时是宝鸡市博物馆的一名工作人员。那天他正在街上溜达，路过废品收购站的时候，忽然停下了脚步。

原来，那时的废品收购站里经常有文物与废品被堆积在一块儿，老百姓一般都看不出来哪个是文物哪个又是废品，但整天跟文物打交道的人不一样呀，他们一年到头研究文物，经常看一眼

曾经的宝鸡市博物馆如今已更名为宝鸡青铜器博物院

就能分辨出哪些是有价值的东西，所以很多博物馆的工作人员总会想着到废品堆里“捡漏儿”。

决定命运的时刻到啦！我看见了佟太放，他也看见了我，就是那“惊鸿一瞥”让我们走进了对方的心。嘿，我一下子精神了起来，自己有救啦！因为我读懂了佟太放的眼神，他肯定意识到了我的价值！

佟太放蹲下来，轻轻地抚摸着我的身体，着迷似的左看右看。

“老板，这个你是从哪儿得来的？”

“哦，你说这个铜疙瘩，那是老陈卖的破烂儿，我给了 30 块呢。”

“那你准备怎么处理？”

“还能怎么处理？回炉重造呗。”

佟太放一听就急了，回炉重造？那怎么行？凭着专业知识，他知道我肯定不是什么铜疙瘩，而是价值连城的青铜器。如果真的被炼化了，那可是巨大的损失呀！

怎么办？佟太放摸了摸自己的口袋，只有一点儿零钱，根本凑不到 30 元。那个年代，30 元

可是个不小的数目了。

突然，佟太放灵机一动，想出个办法。他掏出所有零花钱，跑到小卖部买了两包烟，回来塞给废品收购站的老板。

“老板，这个铜疙瘩我要了。你等我两天，我回去凑钱。”

“那你可得快点儿。”老板说。

“好的好的，一定要等我！”佟太放边说边跑。

“少于30元我可不卖哟！”老板说得很坚决。

佟太放连夜赶回市里，向知识渊博的文物组组长王光永仔细说了自己的发现。王光永听说废品站里出现了国宝，激动万分。

宝鸡历来就有“青铜器之乡”的美名，人们在犄角旮旯儿里发现国宝是常有的事，最重要的是能及时发现，妥善保管，否则就是无法估量的损失。

第二天天刚蒙蒙亮，王光永就跟着佟太放来到了那个废品收购站。看到我身上那精美的饕餮纹，王光永一眼就认出我是西周时期的青铜器。

王光永赶快打电话给馆里，凑齐了30元钱，交给了废品收购站的老板。就这样，我成了宝鸡

市博物馆成立以来收藏的第一件青铜器。

可是，我到底是谁、有着怎样的价值，当时并没有人了解。工作人员把我收藏到保险柜中，一下子就过了十几年。

咔嗒！

这天，我同往常一样睡得正美，一声脆响惊醒了我。

保险柜的门被打开了，有人小心翼翼地把我捧出来，轻轻地放到一个盒子里，然后走出了博物馆。

这是要去哪里呢？总不至于再被送到废品收购站吧？

上了火车我才知道，自己多虑了。

“西安站到了！”

“郑州站到了！”

“石家庄站到了！”

“北京站到了！”

伴随着动听的报站声，我，竟然来到了祖国的首都——北京。

这一年，是 1975 年，研究青铜器的专家马承源受命筹备一场大展，我作为全国出土文物精品之一被运到了北京。

当马承源看见我的时候，眼睛里一下子迸发出兴奋的光芒，就像当初佟太放、王光永一样。

马承源对我爱不释手，我感觉到了他真诚的好奇心。好吧，那我就给他透露点儿秘密吧！

神秘的大门打开啦！

“铭文！这件青铜器里有铭文！”

看到我身上的铭文，马承源兴奋得喊了起来。

铭文就是铸造在青铜器上的文字，而我的铭文藏在我的肚子里。这么多年过去了，这些铭文早已经被铜锈遮盖，要不是我“主动”显露，谁也发现不了。

有了重大发现的马承源小心翼翼地清理着我肚子里的铜锈，然后拓印上面的铭文。

“余其宅兹中国，自兹乂（yì）民！”

读到这些字的时候，马承源的脑海里好像划

过一道闪电。

“中国！这是关于‘中国’二字的最早记载！”

就这样，马承源通过铭文不仅解读了我存在的意义，还为我取了个响亮的名字：何尊。

为什么要取这样一个名字呢？还要从我的诞生说起。

那是公元前 1038 年的一天，周成王在教育、鼓励宗族的年轻人，他说周人的祖先能够打败商人太不容易了，尤其是何的父亲公氏，立了大功。周成王说完以后，还赏赐给何三十朋的贝。为了纪念这件事，何特意铸造了我，把周成王的话铸在我的肚子里。

所以，叫我何尊没错。

最后，让你们见识见识我肚子里的 122 个字

的铭文吧！

在漫长的历史中，虽然“中国”涉及的地理概念一直在变化——我身上这最早的“中国”是指当时国家的中心，而今天的“中国”指的就是中华人民共和国——但文化概念上的“中国”代

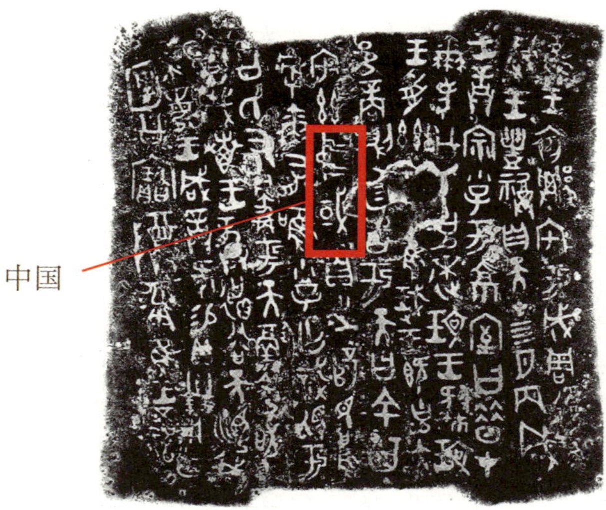

何尊铭文拓片

表的中华文化一直绵延不绝，它在每个时代都得到了继承和发扬。我相信新时代的你们也一定会把它传承下去，直到永远。

大禹治水是真的吗

——遂公盨的故事

遂公盨

姓名：遂公盨（xǔ）
身高：11.8 厘米
口径：24.8 厘米
体重：2.5 千克
籍贯：传世器，籍贯未知
现居地：保利艺术博物馆
年龄：约 2900 岁

4000多年前，黄河泛滥，给下游地区造成灾难。滚滚黄河水卷着泥沙四处流淌，像凶猛的巨龙摇头摆尾。洪水流到哪里，哪里的村庄就被淹没，房屋倒塌，农田被毁。很多人来不及逃跑，在睡梦中就失去了生命。

有的人抱着树杈，眼巴巴地望着洪水；有的人跑到山冈上，看着消失的村庄放声大哭。

鲧接受了尧帝的命令，带领人去治水。可是，洪水那么猛烈，怎么治呢？

鲧的办法很简单，洪水往哪儿流，他就在哪儿填土堵塞。不料，石头和泥土刚刚填下去，转眼就被洪水冲走了。洪水好像生气了一般，鲧越堵，它就越凶猛，好几次差点儿把鲧也卷走。

九年过去了，洪水丝毫没有消退。

“该怎么办才好？”鲧急得睡不着觉，苦苦思索。

“要是有这样的泥土就好了，洪水上涨它也长，洪水拐弯它也拐弯。”有人开玩笑地说。说者无心，听者有意。鲧有了治水的灵感。他想起了天宫里的息壤！那是专门用来修建神仙宫殿的泥土，能够按照人的心意变形。

鲧偷偷来到天宫，偷走息壤。哪儿有洪水，他就往哪儿填。说来也奇怪，洪水遇到息壤，马

上就被驯服了。

鲧高兴极了！

原来治水九年都不见效果，现在没几个月就要成功了，鲧连忙把好消息报告给了尧帝。就在大家要庆祝的时候，天帝听说

了鲧偷窃息壤的事，非常愤怒，立刻派天兵天将来到人间，不仅收走了息壤，还把“胆大包天”的鲧处死在羽山上。

没有了息壤，洪水再度泛滥，尧帝也在忧愁中去世。舜继位后，到处寻找治水的人才。这时，有人向他推荐鲧的儿子禹。舜帝考察了一番，发现禹的确很有才能，就把治水的重任交给了他。

“禹是鲧的儿子，怎么能让他接着治水呢？”有人反对禹来治水。

“父亲治水失败，儿子就不能成功吗？”舜帝反问道。

禹接受任务的时候刚刚成亲，娶的是涂山氏的女娇。来不及享受新婚的甜蜜，他就踏上了治水的征程，因为洪水每时每刻都在吞噬人类的生命。

禹目睹了父亲治水的艰苦，也见证了父亲惨痛的失败。他总结父亲的经验教训，苦苦思索治水的办法。

他翻山越岭，带领人们察看地形。他左手拿着准绳，右手拿着规矩，测量山川和大地。

他有时驾车，有时乘船，还发明了在沼泽地滑行的泥橇，只为了弄清每条河流的来源和

去向。

禹太忙了，没日没夜地操劳，根本顾不上回家。有一次，他正好路过家门，屋里传来了新生儿的哭声，那么响亮，那么有劲。

“啊，我当父亲了！”

幸福的泪水滑出眼眶，禹多想冲进家门，抱抱自己的孩子呀！可是洪水还在肆虐，他害怕自

己回一趟家就再也没有勇气离开，他不能为了自己的小家丢下受苦的大家。于是他擦干眼泪，继续前行。

夜里，禹在山坡上休息。夜空中繁星点点，好像孩子天真的眼睛。

“等洪水过去了，我就马上回家，好好抱抱孩子。”想到这里，禹的脸上露出了笑容。忽然，他猛地坐起来，好像想到了什么重要的事情。

“孩子……回家……对呀，洪水这么慌张，这么急迫，多像无家可归的孩子！我们不能阻拦，应该帮它回家！”

想到这里，禹伸开双臂，朝着夜空大声呼喊：

“回家吧！回家吧！”

河水的家在哪里？当然是大海。

禹带领人们凿开堵塞河流的大山，帮助河水走上最快捷的回家的道路。

那时没有汽车、吊车，更没有挖掘机、推土机，一切只能靠人力。禹总是挑选最辛苦的工作，抢着干最苦最累的活儿。长期的风吹日晒把他的脸晒黑了，整天浸泡在河水泥浆里，他小腿上的汗毛也都磨没了。

所有人都把这一切看在眼里，大家默默地跟在禹的身后，忘我地劳动。一段段堤坝修建起来了，奔腾的河水开始向东流淌。河水似乎懂得禹的心，

渐渐变得温顺了。

有一些跑掉的人也陆陆续续地回来了，他们开始在河边重建家园。一座座房屋冒起了炊烟，一个个村庄恢复了生机。

“大禹呀，休息一下吧！”

“大禹呀，喝口热汤吧！”

人们感谢禹，纷纷称他为“大禹”。

治水的大禹第三次路过家门。

那天阳光明媚，大门敞开着，大禹看见妻子抱着儿子正在院子里晒太阳。妻子看见了丈夫，高兴地让儿子喊他。大禹听到儿子的声音，泪如雨下，却也只能冲妻子和儿子挥了挥手，狠心地转过头去，跟上了治水的队伍。

“你给孩子取个名吧！”

女娇冲出大门，急切地喊道。

“嗯，就叫启吧！”大禹笑着回答。

“启”就是“开”的意思。多好听的名字！轻轻推开自家的门，里面是家人的笑脸；努力敲开大地的门，黄河水顺流而下。

经过十三年的辛苦治理，大禹终于疏通了河道。黄河奔流，注入渤海，往后的 2500 多年里河道没有大规模的改变。从此，人们又过上了安定幸福的生活。

大禹也要好好休息了，好好陪陪妻子和孩子。然而他公而忘私的精神打动了舜帝，舜帝也欣赏他的智慧和能力，决定让他做自己的帮手，好好管理部落联盟。

舜帝去世后，大禹继承了首领位。他根据自

己治水的经验，把天下划分为九州，分别是冀州、兖州、青州、徐州、扬州、荆州、豫州、梁州、雍州。他还铸造了九个大鼎，象征着九州，象征着国家。直到今天，这些地名有的还在使用。

大禹建立了中国第一个朝代——夏，标志着中国王朝从此诞生了。

讲了这么久大禹治水的故事，我遂公盨总该出场了吧！

“遂公盨，你才 2900 多岁，大禹都 4000 多岁了，你们有什么关系呢？”

我知道，肯定有人会这么问。这么说吧，很长一段时间以来，人们都怀疑夏朝的存在，因为截至目前没有发现任何夏朝留下的文字。也有人疑惑：大禹究竟是真实的人物，还是神仙？我，遂

公盨能给人们一个准确的答案。

现在，让我们来到 2002 年夏天的中国香港。这一天天气极其炎热，古玩市场上没几个人，住在这里的我昏昏欲睡。天这么热，大概不会有人来看我了吧？毕竟我浑身都是铜锈，还没有盖子，看上去并不怎么“帅”。

“这应该是个青铜盨吧！”

“没有盖子、不完整、锈蚀严重，不知道真假呀。”

突然，我的身旁响起了两个人叽叽喳喳的说话声，他们开始谈论起我来。老板好不容易盼来了客人，连忙热情地打起招呼。

“两位里边请。这件青铜盨绝对是真品。”

老板一边介绍，一边递过来两副白手套，请

客人戴上鉴定。

两位客人戴上手套，捧起我来，左看右看，上看下看。

“老板，您知道这盨的来历吗？”一位客人问。

“哎哟，这我可说不上来。”老板说。

“来历不清，很可能不是真品。”另一位客人搭腔。

老板着急了，赶忙说：“这样吧，两位只要出个价，就让你们带走它！”

两位客人悄悄地商量了几句，报出价格。老板爽快地答应了。

后来我才知道，这两位客人是北京保利艺术博物馆的专家，那天是专门来搜集流失在民间的宝贝的，他们偶然间发现了我的身影。

来到保利艺术博物馆后，一开始我被放置在了一个不起眼儿的角落，很多人并没有把我当回事，因为跟我同来的还有很多漂亮、帅气的家伙呢。博物馆的工作人员为了鉴定我们的价值，特意请来了清华大学的专家李学勤教授。

那天，李教授正在观察别的文物，无意间瞥到了我，他猛然转过身，双眼紧紧地盯着我。

呀，他是认出我了吗？

我发现，李教授的目光里有惊奇，有欣喜！

“这是真品。这可是西周时期的青铜盨！”

仔细观察之后，李教授肯定地说道。旁边的人都很惊讶，甚至连那两位把我买回来的专家也忍不住感叹，他们真是太幸运了！

在李教授的清洗和照料下，我渐渐显露出真容。这么久以来，我的本来面目第一次展现在大家面前！

我的身上有精美的凤鸟纹饰。这凤鸟造型优美，头部前端有尖喙，顶上有绶带形状的冠，身体小而尾巴长，象征着吉祥安康。

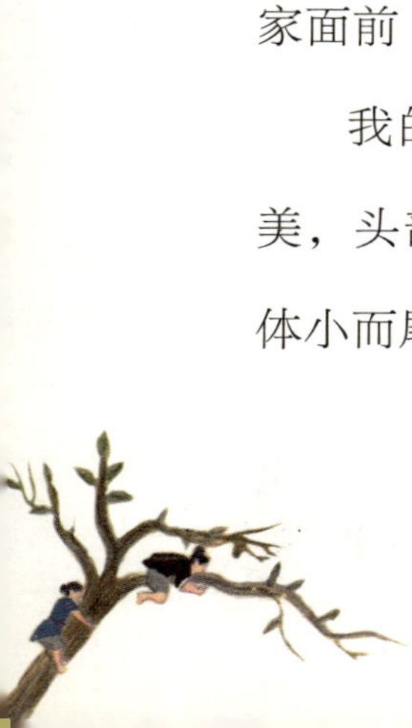

“这里还有铭文！”李教授激动地说道，“铭文中提到了大禹治水，这太重要、太了不起了！”

我深藏的秘密终于被发现了！

不知道花费了多少个日

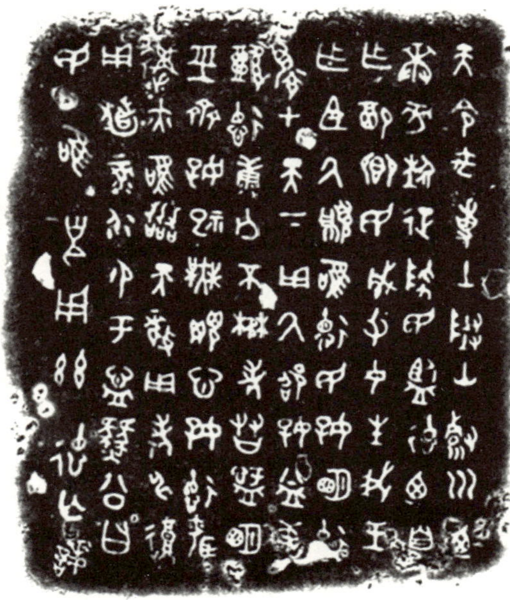

遂公盨铭文拓片

夜，李教授仔细辨认，终于把我肚子里的铭文研究清楚了，总共 10 行，98 个字。

这些铭文里有一个非常重要的词——“遂公”，

指的是遂国国君。这个词点明了我的出生地——遂国。遂国原本是舜帝后代居住的地方，东周时期被齐国吞并。由此推断，我是中国现存最早的记录大禹治水的文物。我身上的铭文就是遂国国君的训话，他说：大禹治理天下靠的是道德，自己也要向大禹学习。

鼎中之王

——后母戊鼎的故事

后母戊鼎

姓名：后母戊鼎（曾用名：司母戊鼎）	体重：832.84 千克
身高：133 厘米	籍贯：河南省安阳市
口长：112 厘米	现居地：中国国家博物馆
口宽：79.2 厘米	年龄：约 3200 岁

考试啦！考试啦！这次考试的题目很简单：请大家在空白处填写汉字，将成语补充完整。

班级：　　姓名：　　成绩：

三足（　）立　一言九（　）　（　）足而立

问（　）中原　拔山扛（　）　钟鸣（　）食

人声（　）沸　革故（　）新　（　）力相助

每道题10分，满分100分，你得了多少分？我猜你一定得了满分，因为答案就写在这一章的标题里了。现在，你猜到我的身份了吗？

没错，我就是“鼎鼎有名”的“鼎”。

我们鼎家族庞大而古老，最老的鼎有8000多岁了。与人类相比，鼎的寿命要长得多，但和整个人类的历史相比还是差了那么点儿，毕竟我们是人类创造的作品。世界上本来没有鼎，树上不结，地里也不长，当然需要人类用智慧去创造啦！

世界上最早出现的鼎是陶鼎，到了5000多年

前，中国人学会了制造青铜器，青铜鼎也应运而生。

传说，最早铸造青铜鼎的是黄帝。黄帝铸造了三个大鼎，分别象征天、地、人。后来大禹治水成功，把天下划分为九州，又铸造了象征九州的九个大鼎。这九鼎就成为国家的象征，一直传到东周。可是，战国时期天下大乱，九鼎也随着东周的灭亡而沉没到泗水里了。

秦始皇巡视天下的时候派人下河去打捞。可

惜，1000 多人下河捞鼎，最终也没有任何收获。

今天，我们走进博物馆，会见到各种各样的陶鼎、青铜鼎，甚至还有瓷鼎，大的、小的、圆的、方的……有的上面还有精美绝伦的装饰。

那大家知道中国最大、最重的青铜器是什么吗？

是我是我！我的名字叫后母戊鼎。

我出生在中国第二个朝代——商代。

商代是甲骨文的繁盛时期，也是青铜器的灿烂时代。商代人崇拜逝去的祖先和天上的鬼神，为了纪念祖先，为了求得鬼神的庇佑，他们就要拿猪、牛、羊等祭品来进行祭祀。

为了增强祭祀的庄严感，人们需要看上去非常庄重的青铜礼器，于是我就被制造出来了。

我的主人是一位商王，他为了祭祀自己的母亲而铸造了我。

3000多年前，商代人到底是怎样铸造了我呢？

第一步，人们去开采铜矿石，再把采出的铜矿石烧制成很大的铜锭，方便运输。

第二步，人们把铜锭装到船上，运送到都城附近，再用马车拉到作坊。

第三步，工匠会制作模和范。他们先用泥土做出鼎的模样，就是“模”。工匠在模子上刻上“后母戊”三个字，以及盘龙纹、饕餮纹、蝉纹等花纹，再把模子烘干。烘干的模子表面要涂上油脂或草木灰，然后将比手掌还厚的泥巴敷在模子的里里外外，用力按压，使模子的形状、文字和花纹都印在泥巴上。等泥巴半干以后，将它切割成若干块，

从模子上取下来，这样“范”就做好了。范分内外，模子外面的范被称为外范，模子里面的范则被称为内范。

第四步，聪明的工匠会把内范和外范合在一起，用绳索捆绑并糊上一层泥巴，再留出用于浇入铜液和排气散热的孔。

第五步就是浇灌铜液了。工匠用坩埚冶炼铜锭，还要加入锡、铅等金属，再把熔好的铜液通过小孔倒入内范与外范之间的空间。

第六步，等铜液冷却后，工匠只要敲掉内范和外范，再铸鼎耳，打磨打磨，庞大的我就“出炉”啦！

当然，铸造像我这样的庞然大物，至少需要熔化 1000 千克的铜锭。几百名工匠要同时工作，

有人负责协调制模、拼图、冶炼等，有人负责占卜、监督等。那可是极其宏大的场面呢！

鼎铸好了，商王让巫师选个好日子，率领王公大臣们祭祀他的母

亲“戊”。

那天的祭祀格外隆重，特别配得上我的个头儿和体重。

那天一共有九个鼎依次排列着，当然，我是排在正中间的那个。我的肚子里煮着肥牛，旁边的鼎里煮着猪、羊等。熊熊烈火在燃烧，袅袅青烟在升腾，人们在王的带领下又唱又跳。

后来，商灭亡了，我也被埋到了深深的地下，一下子就过去了 3000 多年。我一点儿也不着急，虽然我不是金子，但早晚也会“发光”，就趁这个机会好好睡个觉吧。

这一天，我被一声巨响惊醒，好像有什么东西碰到了我。

“是谁？”

很快，一缕阳光照下来，随之而来的还有簌簌下落的泥土。

哇，好多人在说话，好几千年没有这样热闹啦！这时，我彻底醒了过来，听到了人们的议论：

“好大一个马槽！”

“这可不是马槽！”

“那是什么？”

“肯定是青铜鼎。这么大的鼎，我还是第一次见。”

“咦，它怎么少了一只耳朵？”

后来我才知道，这是 1939 年的春天，我被发现的地方是河南省安阳市武官村，最先发现我的人叫吴希增。

“太重了，抬不动啊！”

“我有办法，把它砸成小块儿就行了。”

听到这句话，我的心凉了半截……

这时，真的有人举起铁锹和镐头，使劲敲拍我的身体，叮叮当当，还有人拿来锯子，准备把我“肢解”。我使出“吃奶”的力气奋力抗争。

啪！

锯条弯了，拉锯的人跌倒在泥土里，旁边的人哄堂大笑。

“不行，这不是办法。再说了，万一是宝贝呢？破坏了整体性就不好了。”

关键时刻，有点儿小机灵的吴希增想出一个办法。在他的建议下，几个人抬起我的一条腿，其他人赶紧往我下面填土，填满了就再抬另一条腿，继续填土。

就这样，我被一点点地抬升，慢慢地露出了地面。

我终于看到了3000多年未见的阳光和大地。我身边没有了庄严的宫殿，也没有了热火朝天工作的工匠。眼前的一切都让我觉得陌生。

我出土的消息很快就传开了，北京有个古董商肖寅卿火急火燎地赶到河南，找到吴希增，开出了20万大洋的高价想要买我。

我的体形你也知道，按照当时的运输条件，很难运到北京，于是肖寅卿出“馊主意”，又想把我劈成小块儿装箱运输。命苦的我本来就不知道什么时候少了一只耳朵，这下另一只耳朵也被砸了下来。

不过，我身体的其他部位非常坚固，锯也锯不断，敲也敲不碎，肖寅卿没有办法，只好作罢。

当时正值抗日战争时期，日本人得到消息，知道这里“盛产”青铜器，打算派士兵来弄走一些宝贝。这时，吴希增终于明白，我可是国宝啊，怎么能让日本人抢走呢？他找亲戚帮忙，偷偷把我埋在了表弟吴培文家的院子里。

“这是老祖宗留下来的宝贝呢！”

“那可不能让日本人抢走！”

“日本士兵会不会杀人哪？”

日本士兵气势汹汹地来了，他们挨家挨户到处搜查，抢走了很多东西。我躲在地下，听见地面上不时传来可怕的枪声。

不过，日本士兵并没有找到什么有价值的青铜器，于是他们恼羞成怒，把村子里的人全赶到空地上，在周围架起机关枪，威胁说：“如果不交

出宝贝，就把全村的人都杀光！”

乡亲们相互依偎着，害怕得浑身发抖，好多孩子都被吓哭了。

看到这种情况，吴培文明白，再不交宝贝肯定是不行了，会连累无辜的乡亲们。于是他跟大家商量，凑了一些小件的青铜器交给了日本士兵。日本士兵拿着宝贝高高兴兴地走了。

好险，看来他们还没有得到我出土的消息！

这之后，兜兜转转，我被转移了好几次。等到日本人投降后，我终于辗转来到了位于南京的中央博物院。

“这么大的青铜鼎真是罕见！”

“中华第一鼎！”

1948 年 5 月 29 日，我第一次面向公众进行

展览。哇，那天的南京太热闹了，人们奔走相告，纷纷来一睹我的真容。

“这么大的鼎能盛多少饭哪！”

“这看上去不像锅，可能是个大火锅！”

人们围着我看来看去，你一言我一语地猜测我的来历和用途。我忍不住偷笑，回想起了几千年前商王祭祀时的情景……

1959 年，中华人民共和国成立 10 周年，全国人民都沉浸在欢乐的海洋中，我也迎来了自己的好日子！

这一年，中国国家博物馆的前身——中国历史博物馆建成了。我呢，也来到这里，在这个又大又气派的博物馆里安了家。

在安家之前，我还经历了一番“修复耳朵”的“奇遇”。那些文物修复专家找到了我当初被发现后人们敲下来的那只耳朵，照此复制了另一只。还别说，装上新耳朵，我看上去更神气了。

如果我不说，你能看出我的哪只耳朵是旧的，哪只耳朵是新的吗？

现在，我依然住在中国国家博物馆，在这里静静地等着全世界的游客来参观。当大家看到我身体上那些奇奇怪怪的花纹的时候，都觉得很神奇。

我身上的花纹叫饕餮纹。在传说中，饕餮是一种猛兽，它长着牛的身体、人的脸，眼睛长在胳

肢窝里。

饕餮特别贪吃，什么都吃，食物不够了，它

就连自己的身体都吃光了，所以你们看到的饕餮纹只是它的脑袋，没有身体！

古人在青铜器上铸造饕餮纹，是为了让青铜器显得更加神秘和威严，也是提醒人们在祭祀的时候要保持虔诚的态度。

对了，别看我外表有些吓人，但我的内心很“温柔”。你仔细看我的耳朵，每只耳朵上是不是都有两只老虎？虽然老虎嘴里叼的是人，但人脸上一点儿慌张的表情也没有，说明这个人并不害怕，因为他相信老虎会保护自己。

被称为“中华第一鼎”的我彰显着商王的无上权威，同时也代表了儿子对逝去的母亲深深的思念。

如果你围绕我漫步一圈，一定会为身姿挺拔、雄浑大气、纹样丰富的我所震撼。快来博物馆里和我面对面交流吧！我会告诉你更多故事和 3000 多年前那个王朝的辉煌过往。

散落到世界各地的七兄弟

——太保鼎的故事

微信扫码
有声书随身听
趣味文物看板
博物馆云展厅

国宝身份证

太保鼎

姓名：太保鼎

身高：57.6 厘米

口长：35.8 厘米

口宽：22.8 厘米

体重：26 千克

籍贯：山东省聊城市阳谷县

现居地：天津博物馆

年龄：3000 多岁

3000 多年前，西周的开国之君周武王去世了，他的两个弟弟周公和召（shào）公辅佐武王年仅 7 岁的儿子继位，也就是周成王。

说起周公，大家都很熟悉的孔子很“崇拜”他。孔子年老的时候，身体衰弱了，曾感叹说：“我真是衰老得厉害呀，好久都没梦见周公了！”

三国时代的曹操也说：“周公吐哺，天下归心。”意思是周公吃饭的时候，如果有

人求见，他会急忙吐出口中的食物，谦恭有礼地接见客人。吃一顿饭要如此这般好多次，他的礼贤下士打动了所有人。

当然，当年的召公同样很了不起。召公姓姬名奭（shì），西周建立后被封到燕国，但是他没有亲自去当燕国的国君，而是派儿子克前往，自己则继续留在都城工作。因为他的封地在召（今陕西省岐山县西南），所以被称为召公。

中国第一部诗歌总集《诗经》中就有《召南》

14 篇，全都来自召公治理的区域，跟召公有直接关系的就是《甘棠》。

甘棠

蔽芾(fèi)甘棠，勿翦(jiǎn)勿伐，召伯所茇(bá)。

蔽芾甘棠，勿翦勿败，召伯所憩。

蔽芾甘棠，勿翦勿拜，召伯所说。

这首诗的大意是：

茂盛的甘棠树啊，千万不要砍伐，召公曾在下面停留；

茂盛的甘棠树啊，千万不要毁坏，召公曾在下面休息；

茂盛的甘棠树啊，千万不要折断，召公曾在下面停歇。

原来，召公经常徒步到村子里巡察，看百姓的生活有没有困难。如果累了，他就在甘棠树下搭起茅草棚，支起临时的桌子，跟百姓聊天，聆听大家的诉求。

召公从不打扰百姓的生活，有人请他去家里住宿或吃饭，他也从来不去。这样的召公，谁能不爱戴呢？诗人希望人们不要破坏那茂盛的甘棠

树，也是在表达对召公的爱戴和怀念。

还有一个令人津津乐道的故事，这个故事就和我有关啦。

有一年，召公跟随周成王到泰山封禅。为了这次大典，召公特意挑选了六件贵重的青铜器，包括两个铜鼎和铜簋（guǐ）、铜甗（yǎn）、铜卣（yǒu）、铜盉（hé）各一件。那件青铜簋的底部有26个字的铭文，大意是：因为武庚造反，周成王就派召公去平叛，成功以后，周成王把土这个地方赏赐给了召公，召公便铸造了这个簋，用来纪念和报答周成王的赏赐。

这次他跟随周成王去泰山封禅，当然就把这个有纪念意义的珍贵的簋带上了。

封禅的队伍浩浩荡荡走到泰山，道路两边围满

了人，人们都争相观看周成王和召公等人的风采。

封禅典礼结束后，召公让人把六件宝贝埋到了地下，希望泰山的山神能够感受到周天子的诚意，永远佑护大周的子民。

那天，召公让人挖坑，好把几件青铜器埋起来。谁知，人们在刚刚挖开的土坑里发现了另外一件青铜器！

听到这个消息，召公连忙过来查看。这个不速之客好像是头犀牛！按照青铜器的叫法，应该叫它犀尊，它胖乎乎的，没有盖子。

召公仔细擦拭了犀尊的外部和内壁，辨认着上面的铭文，轻轻读了出来。

他念了好几遍，沉思了半天，然后对周围的人说：“这是前朝的遗物，说的是商王征伐夷方的事。我们竟然挖到了商王祭祀泰山时埋的东西，这是天意，就把咱们的东西一起埋下去吧。”

故事说完了，该轮到我出场了。你问我是谁？我就是那六件青铜器之一的太保鼎！其实这个故

事只是我们为何从六兄弟变为七兄弟的一种说法而已。

也不知道这个故事是谁传出来的，事实上我们被埋在了梁山，不是泰山呢！我还隐约记得，一开始坑不大，我们都进去以后就有点儿拥挤了。随着泥土哗啦啦落下，我们被逐渐掩盖。趁大家不注意，我们几兄弟凑到了一起，把那个商代的犀尊挤到了角落里。

“这是我的家，你们怎么来了？”犀尊有些委屈。

“从现在开始，这个家就是我们的了。”铜卣很不客气地说。

“什么你的我的，从现在开始，大家都是好兄弟了。”我制止了他们的争吵。

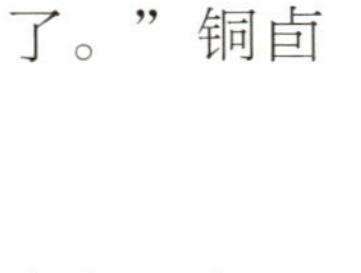

不知过了多久，我们忽然听到一阵叽叽喳喳的议论声。

“大哥，这占山为王也挺难的，咱们还是改做其他营生吧。”

“行。不过既然来了，咱也别空着手走，到处挖挖，看看能不能挖出点儿宝贝来。”

“对，咱赶紧挖挖，也算没有白来一趟！”

当当当！我们的头顶不停响起铁锹、锄头挖地的声音。

“停停停！快看这是什么？”

一个兴奋的声音响起，紧接着好几双大手小心翼翼地扒开泥土。一道光闪过，慢慢地，我们一个接一个被从地下捧了出来。

“哈哈哈，这里真的有宝贝！”

“太棒啦！”

就这样，我们七兄弟结束了3000多年的“休养生息”，重新回到了阳光下。

幸运的是，我们七兄弟都没有被损坏，还保持着原来的模样。

“梁山七兄弟”出土的消息很快就传遍了各地。哦，对了，这“梁山七兄弟”的名字是我们自己起的，其他人管我们叫“梁山七器”。

这之后，很多收藏家蜂拥而至，纷纷要求收藏我们。从此，我们七兄弟各奔东西，开始了或离奇或坎坷的经历。

1917年，一个偶然的机会，我来到了徐世昌家。

“这个太保鼎是召公的遗物，适合您来收藏。”送我来徐家的人说。

徐世昌捧着我左看右看，怎么也看不够，连说：

“国宝，国宝！”他还专门写了一首《得鼎歌》，表达自己的喜悦之情和对我的赞美。

这之后，我在徐世昌的书房中又认识了三位新朋友——三件青铜器。

“我叫太保鼎，你们叫什么？”我问新朋友。

“我叫克鼎，它叫克钟，它叫太师鼎！”那个自称克鼎的家伙认真回答着。

“克？”听到这个名字，我双眼一亮，忍不住大声喊了出来。

“你认识我们？”

“可以这么说吧。因为我知道召公的儿子叫克，他被派到燕国当国君，我就是他的父亲召公下令打造的，我叫太保鼎！”

“哇，真是太有缘分了！”它们三个齐声欢呼。

我们像见到了亲人一般激动。

1958 年，徐世昌的孙媳张秉慧把我、克鼎、克钟、太师鼎一起送给了国家，我们就到天津博物馆安了家，从那儿以后再也没有分开过。

天津博物馆的宝贝太多了，游客同样不少。只有在夜深人静的时候，我们才会凑到一起悄悄

地聊聊天。从克鼎那里我听说了燕国的故事。克不愧是召公的儿子，他把燕国治理得越来越强大，燕国逐渐吞并了北边的蓟国，都城也往北迁了几十公里，迁到了今天的北京。

现在，我是天津博物馆的镇馆之宝，是一级国宝，还在2002年成为首批禁止出国（境）展览的文物之一。我每天的工作呢，就是给前来参观的大朋友、小朋友，讲述3000多年前西周时期的故事。

当然啦，因为博物馆经常举办各种文物交流活动，通过这些活动，我认识了住在北京的朋友：克盉、克罍（léi）、圉（yǔ）甗、圉簋、伯矩鬲（lì）、堇鼎、作宝尊……它们和克鼎一样，都来自3000

多年前的燕国。其中堇鼎还是北京地区出土的最大的青铜礼器，它上面的铭文记载了堇奉命到宗周（西安）献上食材的故事。

3000多年过去，燕国早已不复存在，却给后人留下了生动而灿烂的文化。曾经的燕国大地包括现在的北京市、天津市、河北省北部、辽宁省西部。我为这片土地感到骄傲，感谢召公、克铸造了我们，让我们可以见证现在的美好。

当然，我偶尔也会想起我其他的兄弟，它们现在在哪里呢？

在博物馆中其他文物朋友的帮助下，我终于从一位讲解员的口中了解到犀尊的经历。自从我们分别，它先后被多人收藏、转卖，后来漂洋过海出现在美国的一家古董店里。当时的国际奥委会主席艾弗里·布伦戴奇将它买下来，捐赠给了美国旧金山亚洲艺术博物馆。

它现在的名字是“小臣艅（yú）犀尊”，很多外国人把它当作中国青铜器的象征。

至于我的另外五个兄弟，铜簋——太保簋被收藏到美国弗利尔美术馆中，铜卣——太保鸟卣被收藏到日本白鹤美术馆中，铜甗——大史友甗则在日本泉屋博古馆，另一个铜鼎——太保方鼎在瑞典斯德哥尔摩远东艺术博物馆，而铜盉——太保盉的下落至今无人知晓……

不知要到何年何月，我们“梁山七兄弟”才能再次团聚，团聚在我们自己的祖国。我热切期盼着那一天！

我的尾巴哪儿去了

——晋侯鸟尊的故事

最早的中国在哪里

国宝身份证

晋侯鸟尊

姓名：晋侯鸟尊

身高：39 厘米

身长：30.5 厘米

身宽：17.5 厘米

籍贯：山西省临汾市曲沃县

现居地：山西博物院

年龄：约 3000 岁

前面我们提到了召公辅佐周成王的故事。有一次，年幼的周成王和弟弟叔虞（yú）在花园里玩耍。一片梧桐叶飘落下来，落在了周成王的身边。周成王捡起来，随手撕成玉圭的形状递给叔虞。

“叔虞，我用这片梧桐叶玉圭做信物，封你为唐侯。”叔虞连忙学着大臣们的样子跪下，接过了这片梧桐叶。

那时候，周成王身边有两名太史，一个记录天子的话语，一个记录天子的行为。太史并不会

考虑周成王和叔虞是不是在做游戏，就把刚刚发生的事情忠实地记录了下来。

过了几天，太史见周成王并没有举行册封仪式，便把这件事报告给了周公。上朝的时候，周公问周成王：“请问您什么时候举行册封叔虞的仪式呀？”

“什么？哦，那片梧桐叶呀，我那是和叔虞做游戏呢！”周成王听了，很惊讶地回答道。

“天子无戏言。您说到做到，才能让天下百姓信任哪。”

周成王没想到这么严重，连忙说：“好吧，那就按叔父您说的办。”

举行册封仪式的那天，宫殿里张灯结彩，鼓乐齐鸣，别提多热闹了。周公宣读了诏书，正式

册封叔虞为唐侯，管理汾河以东方圆百里的唐国。

叔虞换上新的官服，叩拜天子，接受了百官的朝贺，然后就出发去了自己的封地。

别看叔虞当时还只是个孩子，但他很有才能。为了不辜负周成王和周公的信任，他亲自到农田里耕种，哪怕是炎热的夏天，他也下田劳动，为官员和百姓做了很好的榜样。

第二年秋天，唐国迎来了大丰收，农田里竟然长出了多头的高产麦穗。

“这是嘉禾，是上天赐予我们的吉祥之物，我要赶快给哥哥送去。”

叔虞派使者把这吉祥的麦穗献给朝廷，周成王见到嘉禾非常高兴。

在叔虞的治理下，原本偏僻、落后的唐国变

得富有、强大起来。叔虞去世后，他的儿子燮（xiè）父把都城迁到晋水附近，改国号为晋。

为了感谢成王的“桐叶封弟”，也为了纪念叔虞治理国家的功绩，晋侯燮父就想铸造一件特殊的宝贝。

铸造什么呢？晋侯燮父想来想去也没有想出

好主意。传说，有一天晋侯燮父正在花园里散步，忽然听见天空中传来清脆的鸟鸣声，就问身边的人：“这是什么鸟的叫声啊？”

“这是凤凰的叫声。”随从回答。

听到这儿，晋侯燮父激动地拍了拍脑袋，有主意了！

原来，当年周武王讨伐商纣王的时候路过岐山，山上就曾传来凤凰的鸣叫声，人们都说那是天降祥瑞，后来周武王真的打败了商纣王。从那儿以后，周人就很崇拜凤凰了。

晋侯燮父一边派人去叫青铜作坊的工匠，一边在地上画起了草图。

他想到自己的父亲叔虞，那么小的年纪就来到唐国，始终勤勤恳恳地治理国家，终于让这里

变成了一处富饶之地。父亲不就是给这里带来吉祥的凤凰吗？那自己就应该是他背上的小凤凰！

工匠看到晋侯燮父画在地上的草图，很快就明白了他的意思。老凤凰背驮小凤凰，代表了父子之间的恩情；小凤凰依恋老凤凰，舍不得展翅高飞。多好的构思呀！只是，凤凰的身体太重了，两只脚无法支撑起身体，这可怎么办呢？

“要不，咱们不做凤凰的尾巴，改做个象鼻子来支撑怎么样？”

工匠的主意挺不错，得到了晋侯燮父的赞赏。

没多久，我就在能工巧匠的手下诞生了！

晋侯燮父看到工匠捧着我来到面前时，激动得流下了热泪，并当即决定挑个好日子，用我来祭祀父亲叔虞。

晋侯燮父去世后，我陪着他走入了地下。谁知，几千年后的1992年的某一天，晋侯的墓地竟然被侯林山、郭秉霖这两个坏蛋发现了。这两个人趁着夜色，用炸药炸开了位于山西省临汾市曲沃县

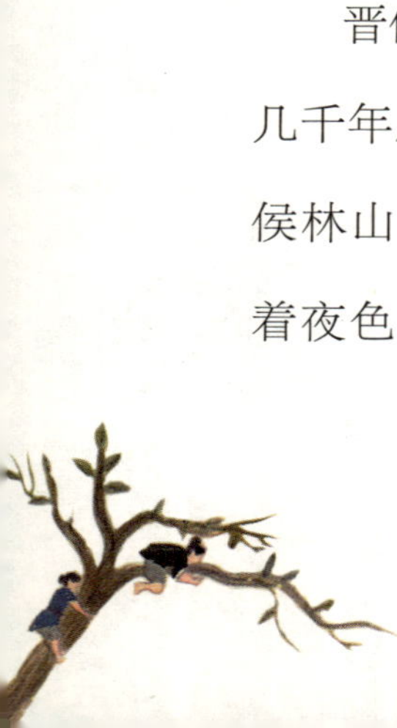

和翼城县交界处的晋侯墓地。爆炸的声音太大了，比最响的雷声还要响。而我也被这爆炸声惊醒，可怕的是，醒来的我发现自己变成了碎片。可恶的盗墓贼害怕警察赶来，七手八脚地挑选出完整的宝贝，偷偷摸摸地跑了。

我真是欲哭无泪呀！想我曾经那么光芒四射、威风凛凛，如今竟成了这副模样。

晋侯墓地被盗的消息很快传到了文物管理部门那里，专家们迅速赶到现场，决定暂时掩埋被破坏的地方，好好保护文物，等待技术成熟再正式发掘。

2000 年 12 月 24 日，一个大雪纷飞的日子，吊车开到了晋侯墓地所在地。专家们开始清理被盗墓贼破坏的地方，他们把散落的器物装进两只

大木箱，用吊车将它们从深约十米的墓底吊出。

残破的我也迷迷糊糊地坐上汽车、坐上火车，一路来到了祖国的首都北京。最后被送到了北京大学的赛克勒考古与艺术博物馆文物修复室。很多专家都在那

里翘首以盼等着我呢。

负责修复我的两位专家是胡东波和杨宪伟。他们把我的碎片摆放在工作台上，天天打量着我，苦苦思索。他们又是拿笔画图，又是用电脑做设计，费尽了心思。

就这样，经过不断的试验、拼合、除锈、复原，足足一年半的时间，已经支离破碎的我终于被重新拼接完成。

“凤凰涅槃”，这个美好的成语说的就是我！

我看着镜子里神气的自己，又惊讶又兴奋。这就是我，晋侯鸟尊，我又回来了。

不过，再仔细看一看。哎呀，我的尾巴呢？不对，我尾巴上原本应该有一段象鼻子的。

两位专家翻遍了我来时的大木箱，却怎么也

没能找到缺失的那截“象鼻子”的碎片。没办法，他们只好重新做了一个，勉强为我接上。有趣的是，关于象鼻子应该向里卷还是向外卷，他们竟然还争论了起来。

“应该向里卷，我见过类似的。”

“不对吧，向外卷才能更好地起到支撑的作用。”

“向里！”

“向外！”

唉，可惜我不会说话，否则我就告诉他们了。

我被拼装完成后，山西博物院的专家们听到了这个好消息，连忙派人把我接回了故乡。从那儿以后，我就成了山西博物院的镇院之宝。如果你来过山西博物院，一定见过造型别致、图案精

美的我。

“这只晋侯鸟尊的整体造型是一只伫立回首的凤鸟，凤尾下弯成大象的头部，卷曲的象鼻子和凤鸟的双腿形成三个支撑点。这件造型优美的鸟尊体现了古人的想象力和创造力。大家看，它的器盖和腹底还铸有铭文，说明这件器物是晋侯宗庙祭祀用的礼器。”

游客络绎不绝，讲解员娓娓道来，他们都在我面前久久驻足。

“太美了！”

“真漂亮！”

到了 2018 年，我的“母校”北京大学举行 120 周年校庆，准备举办“寻真——北京大学考古教学与科研成果展”，热情地邀请我回去参加。

哈哈，我坐上飞机，“展翅翱翔”回到了北京大学赛克勒考古与艺术博物馆。

除了让更多的游客认识我，这次我还有一个意外收获，那就是北京大学的考古专家们找全了我的尾巴，也就是缺失的那截大象鼻子。

“你受苦了，告诉你一个好消息，你的真鼻子终于找到了！”

展览结束，我又“飞”回山西博物院，焦急地等待着大象鼻子复原的日子。如果当时让你来修复我，你希望我的象鼻子朝内卷还是朝外卷呢？

最后，我还有几个小秘密要告诉大家。第一，现在的我不光是山西博物院的镇院之宝，还是山西省旅游发展大会的标志物。第二，世界各地的博物馆中还有很多像我这样的鸟尊，例如山西博物院的赵卿鸟尊，它比我年轻，也挺好看的。还有生活在北京保利艺术博物馆的倗（péng）季凤鸟尊，生活在河南博物院的妇好鸮尊，被收藏在美国弗利尔美术馆的子乍弄鸟尊……欢迎大家到世界各地寻找我和我的伙伴们。

青铜器家族里的“大明星”

姓名：亚丑钺（yuè）▶
籍贯：山东省潍坊市青州市
现居地：山东博物馆
年龄：3000多岁

▲
姓名：铜提梁卣
籍贯：湖北省武汉市
现居地：湖北省博物馆
年龄：3000多岁

▲
姓名：子龙鼎
籍贯：河南省新乡市辉县市
现居地：中国国家博物馆
年龄：3000多岁

▲
姓名：人面纹方鼎
籍贯：湖南省长沙市宁乡市
现居地：湖南博物院
年龄：3000多岁

姓名：四羊方尊 ▶

籍贯：湖南省长沙市宁乡市

现居地：中国国家博物馆

年龄：3000多岁

▲

姓名：青铜太阳轮

籍贯：四川省德阳市广汉市

现居地：三星堆博物馆

年龄：3000多岁

▲

姓名：青铜纵目面具

籍贯：四川省德阳市广汉市

现居地：三星堆博物馆

年龄：3000多岁

姓名：大盂鼎 ►
籍贯：陕西省宝鸡市眉县
现居地：中国国家博物馆
年龄：3000多岁

▲
姓名：伯矩鬲
籍贯：北京市
现居地：首都博物馆
年龄：3000多岁

▲
姓名：大克鼎
籍贯：陕西省宝鸡市扶风县
现居地：上海博物馆
年龄：约3000岁

▲
姓名：毛公鼎
籍贯：陕西省宝鸡市岐山县
现居地：台北故宫博物院
年龄：近3000岁

姓名：鹤莲方壶 ▶

籍贯：河南省郑州市新郑市

现居地：河南博物院

年龄：2000多岁

姓名：鸟盖瓠（hù）壶 ▶

籍贯：陕西省榆林市绥德县

现居地：陕西历史博物馆

年龄：2000多岁

▲

姓名：长信宫灯

籍贯：河北省保定市

现居地：河北博物院

年龄：2000多岁

▲

姓名：铜奔马

籍贯：甘肃省武威市

现居地：甘肃省博物馆

年龄：约1800岁

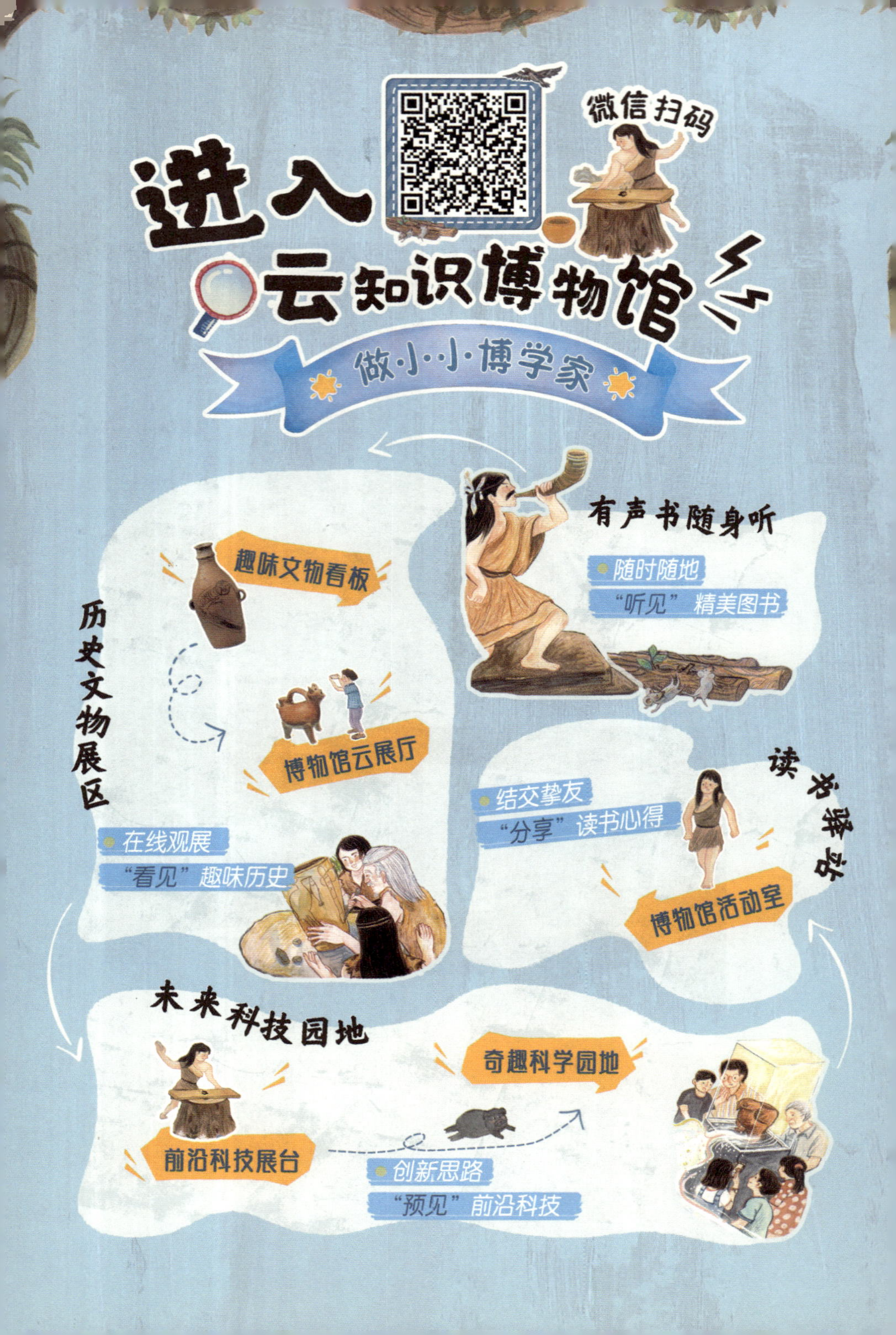
进入
云知识博物馆
微信扫码
做小小博学家
有声书随身听
随时随地
“听见”精美图书
历史文物展区
趣味文物看板
博物馆云展厅
在线观展
“看见”趣味历史
读书驿站
结交挚友
“分享”读书心得
博物馆活动室
未来科技园地
奇趣科学园地
前沿科技展台
创新思路
“预见”前沿科技